CATALAN PHRASEBOOK

Explore 180 Essential Phrases and Expressions for Confidence and Fluency in Catalan

DIGITAL POLYGLOT

Copyright © 2025 Digital Polyglot.
All rights reserved.

Published by Digital Polyglot

CATALAN
PHRASEBOOK

EXPLORE 180 ESSENTIAL PHRASES AND EXPRESSIONS FOR CONFIDENCE AND FLUENCY IN CATALAN

TABLE OF CONTENTS

Introduction **6**

What will I find in this phrasebook? **7**

A few extra tips **9**

Every day life **11**

Emotions and attitudes **24**

At the restaurant **37**

Relationships **50**

Shopping/supermarket **64**

With family **78**

With friends **91**

At work **106**

Answers sheet **118**

Final words **119**

INTRODUCTION

Imagine strolling through the colorful streets of Barcelona, greeting a local baker with a warm Bon dia! or sharing a heartfelt Moltes gràcies after a delicious meal in Girona. Catalan is much more than a language—it's the heartbeat of a vibrant culture rich with tradition, passion, and creativity. Spoken proudly across Catalonia, the Balearic Islands, and parts of Valencia, Catalan offers a doorway into a world where history and modern life blend seamlessly.

This phrasebook is your trusted companion on that journey. Whether you're savoring a meal in a bustling mercat, cheering at a lively festival, or simply sharing a coffee in a quiet square, speaking Catalan—even just a little—builds bridges. It shows respect, sparks smiles, and opens countless doors. Each phrase you learn here will not only help you communicate but will also weave you deeper into the living tapestry of Catalan life.

With every word and expression, you're stepping into a rich heritage shaped by poets, architects, farmers, and dreamers. Whether you're a traveler, a digital nomad, a student, or a cultural enthusiast, this book will give you the tools to connect authentically and meaningfully.

Prepare to unlock stories, friendships, and unforgettable experiences—Benvingut to the beauty of Catalan!

WHAT WILL I FIND IN THIS PHRASEBOOK?

Inside this Catalan Phrasebook, you'll discover a treasure trove of 180 expressions carefully selected to help you navigate real-life conversations with confidence and ease. Each phrase has been chosen not only for its practicality but also for its cultural flavor, ensuring that you truly experience the Catalan spirit.

The expressions are organized into seven engaging thematic categories:

- Friendships and Relationships
- Street Life
- Emotional Expressions
- Food Culture
- Humor and Sarcasm
- Opinions and Reactions
- Everyday Life

Every entry follows a clear, easy-to-use structure to help you learn faster and remember longer:

- Definition: A simple explanation of the phrase's meaning.
- Frequency: How often the phrase is used in daily conversation (Low, Medium, or High).
- In Context: A realistic example showing how the phrase would appear in an authentic setting.
- Similar Terms: Related phrases that expand your expression toolkit.

To reinforce your learning, this phrasebook also includes:

- A short story featuring the most common expressions in a natural and lively narrative.
- Multiple-choice exercises to test your understanding and help you practice in a fun, engaging way.

With these tools, you'll not just memorize phrases—you'll be ready to live them, speak them, and connect on a deeper level.

A FEW EXTRA TIPS

Learning a language requires practice and consistency, which is why we've compiled some tips to optimize your learning process.

Tip 1: One word at a time
Learning a language requires perseverance and, above all, patience. Approach this process calmly and avoid trying to learn everything quickly. Everything takes time, and patience will be crucial for achieving satisfactory results.

Tip 2: Read aloud
Read the word or phrase of the day aloud. Don't be afraid to make mistakes! Constant practice improves pronunciation and, at the same time, helps memorize new content.

Tip 3: Complete practical exercises
For each completed category, you'll find five practical exercises and a short story. Complete them to assess your skills and identify areas for improvement. Don't be afraid to make mistakes!

Tip 4: Use your new vocabulary in daily conversations
Try to incorporate the word or phrase into your daily conversations, whether with friends, family, or even with yourself. Practice makes perfect!

Tip 5: Take note of what you've learned
Keep a record of your progress. Which words are easier for you? Which ones challenge you? Reflecting on your learning is an excellent way to improve.

Following the tips we've shared, you'll remember most of the new words in your daily life. Your vocabulary will grow, and you might even surprise your friends with some interesting expressions that are not typically taught in schools.

It's time to immerse yourself in learning. Get ready for the exciting journey ahead!

EVERY DAY LIFE

EVERYDAY LIFE

1. BON DIA! *(bon dí-a)*

DEFINITION   A greeting used in the morning, equivalent to "Good morning"

FORMALITY   Neutral.

IN CONTEXT   **Bon dia!** Com has dormit?

SIMILAR TERMS   Hola, Bon matí (menos común).

2. BONA NIT *(bó-na nit)*

DEFINITION   A farewell or nighttime greeting, equivalent to "Good night".

FORMALITY   Neutral.

IN CONTEXT   **Bona nit**, fins demà!

SIMILAR TERMS   Que descansis, Fins demà.

3. COM ESTÀS? *(com es-tás)*

DEFINITION   Used to ask someone how they are, "How are you?"

FORMALITY   Informal.

IN CONTEXT   Ei! **Com estàs?** Feia dies que no et veia.

SIMILAR TERMS   Què tal?, Com va?

EVERYDAY LIFE

4. VAIG A CASA *(batx a ká-sa)*

DEFINITION — "I'm going home" — used to indicate you're heading home.

FORMALITY — Informal.

IN CONTEXT — Ja he acabat la feina, **vaig a casa**.

SIMILAR TERMS — Me'n vaig a casa, Torno a casa.

5. ON ETS? *(on ets?)*

DEFINITION — "Where are you?" — to ask someone about their location.

FORMALITY — Informal.

IN CONTEXT — **On ets?** T'estic esperant fa mitja hora!

SIMILAR TERMS — On estàs?, On pares?

6. VINC DE SEGUIDA *(binc de se-gí-da)*

DEFINITION — "I'm coming right away" or "I'll be right there".

FORMALITY — Neutral.

IN CONTEXT — Espera'm un moment, **vinc de seguida**.

SIMILAR TERMS — Ara vinc, Estic en camí.

EVERYDAY LIFE

7. ESTIC ARRIBANT (es-tíc a-ri-bánt)

DEFINITION "I'm arriving" or "I'm on my way"

FORMALITY Neutral.

IN CONTEXT Truca'm si hi ha trànsit, **estic arribant**.

SIMILAR TERMS Ja arribo, Vinc ara.

8. QUÈ FEM AVUI? (ké fem a-búi?)

DEFINITION "What are we doing today?"

FORMALITY Informal.

IN CONTEXT Bon dia! **Què fem avui?** Anem a la platja?

SIMILAR TERMS Quins plans tenim?, Què toca avui?

9. NO TINC TEMPS (no tinc téms)

DEFINITION "I don't have time"

FORMALITY Neutral.

IN CONTEXT Ho sento, no puc venir, **no tinc temps**.

SIMILAR TERMS Estic ocupat, No puc ara.

EVERYDAY LIFE

10. VAIG AMB PRESSA *(batx am prè-sa)*

DEFINITION "I'm in a hurry"

FORMALITY Informal.

IN CONTEXT No puc parlar ara, **vaig amb pressa**!

SIMILAR TERMS Tinc pressa, Estic corrent.

11. AVUI ESTIC LLIURE *(a-búi es-tíc lliu-re)*

DEFINITION "I'm free today"

FORMALITY Informal.

IN CONTEXT Si vols quedar, **avui estic lliure**.

SIMILAR TERMS No tinc plans, Avui no faig res

12. FINS AVIAT *(fíns a-biát)*

DEFINITION "See you soon"

FORMALITY Neutral.

IN CONTEXT Marxo ara. **Fins aviat**!

SIMILAR TERMS Ens veiem, A reveure.

EVERYDAY LIFE

13. A QUINA HORA? *(a kí-na ó-ra?)*

DEFINITION "At what time?"

FORMALITY Neutral.

IN CONTEXT **A quina hora** hem quedat per sopar?

SIMILAR TERMS Quan quedem?, Quina hora és?

14. ESTÀ MOLT LLUNY? *(es-tá molt llúñ?)*

DEFINITION "Is it very far?"

FORMALITY Neutral.

IN CONTEXT El restaurant nou... **està molt lluny**?

SIMILAR TERMS És lluny?, Queda lluny?

15. HO FAIG DESPRÉS *(u fátx des-prés)*

DEFINITION "I'll do it later"

FORMALITY Informal.

IN CONTEXT No em ve de gust ara, **ho faig després**.

SIMILAR TERMS Més tard, Ara no.

EVERYDAY LIFE

16. APAGA LA LLUM *(a-pá-ga la lyúm)*

DEFINITION "Turn off the light"

FORMALITY Informal.

IN CONTEXT Quan surtis, **apaga la llum**, sisplau.

SIMILAR TERMS Tanca el llum (col·loquial), Para la llum

17. JA HE ACABAT *(ya e a-ca-bát)*

DEFINITION "I'm done" or "I've finished"

FORMALITY Neutral.

IN CONTEXT **Ja he acabat** els deures, puc sortir?

SIMILAR TERMS He acabat, Ja està.

18. NO EM FUNCIONA *(no em fun-sió-na)*

DEFINITION "It doesn't work for me" — used when something isn't functioning

FORMALITY Informal.

IN CONTEXT El wifi **no em funciona**, pots mirar-ho?

SIMILAR TERMS No va, Està espatllat.

EVERYDAY LIFE

19. S'HA FET TARD *(sa fet tárt)*

DEFINITION "It's gotten late"

FORMALITY Neutral.

IN CONTEXT Marxem? **S'ha fet tard**.

SIMILAR TERMS Ja és tard, És molt tard ja.

20. FA MOLTA CALOR *(fa mól-ta ka-lór)*

DEFINITION It's very hot.

FORMALITY Neutral.

IN CONTEXT No puc dormir bé a la nit, **fa molta calor**.

SIMILAR TERMS Quina calor!, Està xafogós.

21. QUIN DIA ÉS AVUI? *(kín dí-a es a-búi?)*

DEFINITION What day is it today?

FORMALITY Neutral.

IN CONTEXT Perdona, **quin dia és avui?** Dimarts o dimecres?

SIMILAR TERMS En quin dia estem?, Avui què és?

EVERYDAY LIFE

22. ENS VEIEM DEMÀ *(ens ve-yém de-má)*

DEFINITION See you tomorrow.

FORMALITY Informal.

IN CONTEXT Bona nit! **Ens veiem demà** al treball.

SIMILAR TERMS Fins demà, A demà.

SHORT STORY

És dissabte i en Marc i la Clara es preparen per passar el dia fora amb els seus amics. Però el matí no comença tan tranquil com esperaven...

Clara: <u>Bon dia</u>! Has dormit bé?

Marc: Buff... he dormit poc. Quan vaig tornar ahir <u>vaig a casa</u> del meu germà per ajudar-lo amb una mudança. Al final vaig arribar tardíssim i ni tan sols vaig dir-te <u>bona nit</u>.

Clara: Oh, no ho sabia! Bé... <u>com estàs</u> avui?

Marc: Una mica cansat, però bé. I tu? Per cert, <u>què fem avui</u> al final? Anem a la muntanya o a la platja?

Clara: Havíem dit muntanya, però crec que <u>fa molta calor</u> per caminar massa.

(Sona el telèfon de Clara)

Clara: Hola, Júlia! <u>On ets</u>? Ja estàs a punt?

Júlia (per telèfon): Sí, <u>estic arribant</u> al punt de trobada. I vosaltres?

Marc (cridant): <u>Vinc de seguida</u>, només em poso les sabates!

Clara: Júlia, a <u>quina hora</u> comencem l'excursió?

Júlia: A les deu en punt! Però <u>està molt lluny</u>?

Clara: No gaire, crec que hi serem en 15 minuts. Però primer... apaga la llum, Marc! La del lavabo encara està encesa!

Marc: Ups, cert! Ara ho faig. Per cert, el GPS del cotxe no em funciona...

Clara: No passa res, ho faig després, tinc el mòbil amb dades.

Marc: Gràcies. Ah, una altra cosa: quin dia és avui? Dissabte, oi?

Clara: Sí! I recorda que ens veiem demà també amb el grup de senderisme.

Marc: Ai, s'ha fet tard. Hem de marxar ja!

Clara: Jo ja he acabat, només em falta agafar aigua.

Marc: Jo també. Però no tinc temps per esmorzar bé...

Clara: Tranquil, fem un mos ràpid al cotxe.

Marc: Vaig amb pressa, però em prenc cinc minuts per no sortir amb la panxa buida.

Clara: Per cert, avui no treballo... avui estic lliure i penso gaudir del dia al màxim.

Marc: Perfecte. Doncs vinga, marxem!

Clara: Sí! I fins aviat, Júlia! Ens veiem al punt de trobada!

QUESTIONS

1. Per què en Marc està cansat?
a) Perquè va tenir insomni
b) Perquè va estar ajudant al seu germà
c) Perquè va anar de festa
d) Perquè va fer esport

2. Què diu Júlia per telèfon?
a) Que no pot anar-hi
b) Que ja és al lloc
c) Que està arribant
d) Que canvien el pla

3. Què passa amb el GPS del cotxe?
a) No troba senyal
b) No té bateria
c) Funciona malament
d) No li funciona

4. Què decideixen fer per esmorzar?
a) Esmorzen a casa amb calma
b) No mengen res
c) Fan un mos ràpid al cotxe
d) Paren a una cafeteria

5. Què indica la frase "fins aviat"?

a) Que no vol veure algú més
b) Que veuran algú més tard
c) Que no tornaran aviat
d) Que es queden a casa

EMOTIONS AND ATTITUDES

EMOTIONS AND ATTITUDES

23. ESTIC MOLT FELIÇ   (es-tík mólt fe-lísh)

DEFINITION — I'm very happy.

FORMALITY — Neutral.

IN CONTEXT — Avui m'han donat bones notícies, **estic molt feliç**!

SIMILAR TERMS — Estic content, Estic encantat.

24. QUINA IL·LUSIÓ!   (kí-na i-lu-sió)

DEFINITION — How exciting!

FORMALITY — Informal.

IN CONTEXT — Anirem a París? **Quina il·lusió!**

SIMILAR TERMS — M'encanta!, Quina emoció!

25. EM FA MOLTA RÀBIA   (em fa mól-ta rá-bia)

DEFINITION — It makes me really angry.

FORMALITY — Informal.

IN CONTEXT — M'han perdut l'equipatge... **em fa molta ràbia**.

SIMILAR TERMS — Em treu de polleguera, M'indigna.

EMOTIONS AND ATTITUDES

26. ESTIC TIP *(es-tík típ)*

DEFINITION I'm fed up

FORMALITY Informal.

IN CONTEXT Sempre el mateix problema... **estic tip**!

SIMILAR TERMS N'estic fart, Ja n'hi ha prou

27. EM FA MANDRA *(em fa mán-dra)*

DEFINITION I feel lazy / I don't feel like it

FORMALITY Informal.

IN CONTEXT Avui **em fa mandra** sortir de casa.

SIMILAR TERMS No tinc ganes, No em ve de gust

28. QUINA VERGONYA! *(kí-na ver-gón-ya)*

DEFINITION How embarrassing!

FORMALITY Neutral.

IN CONTEXT Ha caigut davant de tothom... **quina vergonya**!

SIMILAR TERMS Que fort!, M'ha fet passar vergonya

EMOTIONS AND ATTITUDES

29. EM SAP GREU   *(em sáp gréu)*

DEFINITION I'm sorry / I feel bad about it.

FORMALITY Formal.

IN CONTEXT **Em sap greu** no haver-te trucat abans.

SIMILAR TERMS Ho sento, Perdona.

30. NO EM VE DE GUST   *(no em bé de gúst)*

DEFINITION I don't feel like it.

FORMALITY Neutral.

IN CONTEXT Ho sento, però avui **no em ve de gust** sortir.

SIMILAR TERMS Em fa mandra, No tinc ganes

31. M'ENCANTA AIXÒ   *(men-kán-ta a-xó)*

DEFINITION I love this.

FORMALITY Informal.

IN CONTEXT Has vist aquest vídeo? **M'encanta això**!

SIMILAR TERMS M'agrada molt, M'apassiona.

EMOTIONS AND ATTITUDES

32. EM FA RIURE *(em fa ríu-re)*

DEFINITION It makes me laugh.

FORMALITY Informal.

IN CONTEXT Aquest programa sempre **em fa riure**.

SIMILAR TERMS És divertit, Fa molta gràcia.

33. NO SUPORTO AIXÒ *(no su-pór-tu a-xó)*

DEFINITION I can't stand this.

FORMALITY Informal.

IN CONTEXT Sempre fa el mateix... **no suporto això**.

SIMILAR TERMS M'irrita, No ho aguanto.

34. ESTIC TRANQUIL·LA *(es-tík tran-kíl-la)*

DEFINITION I'm calm (feminine).

FORMALITY Neutral.

IN CONTEXT Després de caminar per la natura, **estic tranquil·la**.

SIMILAR TERMS Estic relaxada, Em sento en pau.

EMOTIONS AND ATTITUDES

35. QUINA POR! *(kí-na pó)*

DEFINITION How scary!

FORMALITY Informal.

IN CONTEXT Aquesta pel·lícula... **quina por!**

SIMILAR TERMS Fa molta por!, Em fa por.

36. ESTIC TRIST *(es-tík trist)*

DEFINITION I'm sad (masculine).

FORMALITY Neutral.

IN CONTEXT Ha estat un dia difícil, **estic trist**.

SIMILAR TERMS Em sento malament, Tinc el cor encongit.

37. EM SENTO MALAMENT *(em sén-tu ma-la-mént)*

DEFINITION I feel bad.

FORMALITY Neutral.

IN CONTEXT Vaig parlar malament i ara **em sento malament**.

SIMILAR TERMS Tinc remordiments, No estic bé.

EMOTIONS AND ATTITUDES

38. NO HO ENTENC *(no u en-ténk)*

DEFINITION — I don't understand it.

FORMALITY — Neutral.

IN CONTEXT — Aquesta explicació és confusa. **No ho entenc**.

SIMILAR TERMS — No ho veig clar, No ho acabo de veure

39. ESTIC NERVIÓS *(es-tík ner-viós)*

DEFINITION — I'm nervous (masculine).

FORMALITY — Neutral.

IN CONTEXT — Avui tinc una entrevista i **estic nerviós**.

SIMILAR TERMS — Estic intranquil, Tinc papallones a la panxa

40. NO M'IMPORTA *(no mim-pór-ta)*

DEFINITION — I don't mind / I don't care.

FORMALITY — Informal.

IN CONTEXT — Si vols canviar de lloc, **no m'importa**.

SIMILAR TERMS — M'és igual, Tant se me'n dóna.

EMOTIONS AND ATTITUDES

41. QUINA PASSADA! *(kí-na pa-sá-da)*

DEFINITION That's amazing! / That's awesome!

FORMALITY Informal.

IN CONTEXT Has vist aquest cotxe? **Quina passada!**

SIMILAR TERMS Brutal!, Genial!, Impressionant!

42. QUINA PENA! *(kí-na pé-na)*

DEFINITION What a pity!

FORMALITY Neutral.

IN CONTEXT No ha aprovat l'examen... **quina pena!**

SIMILAR TERMS Llàstima!, Em sap greu.

43. ESTIC ESGOTAT *(es-tík es-gu-tát)*

DEFINITION I really enjoyed it

FORMALITY Neutral.

IN CONTEXT Després del gimnàs, **estic esgotat**.

SIMILAR TERMS Estic rendit, Estic molt cansat.

EMOTIONS AND ATTITUDES

44. HO HE GAUDIT MOLT *(u e gau-dít mólt)*

DEFINITION I really enjoyed it

FORMALITY Neutral.

IN CONTEXT El concert va ser increïble. **Ho he gaudit molt**.

SIMILAR TERMS M'ho he passat molt bé, Ha estat genial.

SHORT STORY

Era una tarda de diumenge. A la cuina d'un petit pis compartit a Girona, dos companys de pis, l'Anna i en Martí, xerren mentre prenen una infusió després d'un cap de setmana intens.

Anna: Avui estic una mica rara, no sé... <u>estic trist</u> des d'aquest matí.

Martí: Jo també em <u>sento malament</u>, crec que ha sigut un cap de setmana emocionalment dur.

Anna: Sí... i el pitjor és que la Clàudia m'ha dit que no vol tornar a parlar amb mi. <u>No ho entenc.</u>

Martí: Uf... això sí que <u>em fa molta ràbia</u>. Amb tot el que has fet per ella.

Anna: Ja. I a sobre avui he perdut el bus, he arribat tard a la feina, i <u>estic esgotat</u>...

Martí: Jo <u>estic nerviós</u>, demà tinc la presentació final i encara no he preparat res.

Anna: Et puc ajudar si vols. Però et diré una cosa: avui a mi <u>no em ve de gust</u> sortir ni veure ningú.

Martí: A mi tampoc. <u>Em fa mandra</u> fins i tot cuinar...

Anna: Però bé, he de dir-te que al matí he rebut un missatge del meu germà i m'ha alegrat molt. M'ha dit que vindrà a veure'm. <u>Quina il·lusió!</u>

Martí: Oh! Això és preciós. M'encanta veure't així.

Anna: M'encanta això de tenir petits moments que ens fan somriure.

Martí: Com aquell vídeo que vam veure ahir? Em fa riure només de pensar-hi.

Martí: Hahaha! Sí, quina passada! Però després vaig veure aquella pel·li de por... quina por!

Anna: I jo que vaig caure davant de tothom... quina vergonya!

Martí: Gràcies per riure't amb mi. Això que em dius em sap greu, però reconec que avui estic tip de pensar en tot el que va malament.

Anna: T'entenc... no suporto això de sentir que no avancem.

Martí: Bé, hem de mirar el costat positiu. Estem vius, sans... estic tranquil·la ara que parlem.

Anna: I encara que no hagi anat bé tot, ho he gaudit molt aquest cap de setmana amb vosaltres.

Martí: I sobre la Clàudia... quina pena! Però potser és millor així.

Anna: Tens raó... Encara que estigui trista, no m'importa gaire si no m'aprecia com jo a ella.

Martí: Ho veus? Parlar ajuda.

Anna: I tant. Merci per escoltar-me.

Martí: Sempre. Ara, una abraçada?

Anna: Clar que sí.

QUESTIONS

1. Per què l'Anna se sent malament al començament de la conversa?
a) Perquè ha suspès un examen
b) Perquè ha tingut una discussió amb la Clàudia
c) Perquè s'ha fet mal al peu
d) Perquè ha perdut diners

2. Quina emoció expressa en Martí respecte a la seva presentació de demà?
a) Alegria
b) Vergonya
c) Tranquil·litat
d) Nervis

3. Què fa que l'Anna se senti una mica millor durant la conversa?
a) El missatge del seu germà
b) La Clàudia li demana perdó
c) Li arriba una carta sorpresa
d) Li regalen una entrada de concert

4. Quan en Martí cau davant de tothom, com es sent?
a) Quina por!
b) Quina vergonya!
c) Estic tranquil·la
d) Em fa mandra

5. Quina expressió indica que l'Anna prefereix no sortir aquella nit?
a) No ho entenc
b) Estic tip
c) No em ve de gust
d) Ho he gaudit molt

AT THE RESTAURANT

AT THE RESTAURANT

45. UNA TAULA, SI US PLAU *(u-na táu-la, si us pláu)*

DEFINITION	A table, please.
FORMALITY	Formal
IN CONTEXT	Bona tarda, **una taula per dos, si us plau.**
SIMILAR TERMS	Voldríem seure, Teniu lloc?

46. EL MENÚ, SI US PLAU *(el me-nú, si us pláu)*

DEFINITION	The menu, please.
FORMALITY	Formal.
IN CONTEXT	Bon vespre, **el menú, si us plau.**
SIMILAR TERMS	Ens podeu portar la carta?, La carta, si us plau.

47. TENIU MENÚ DEL DIA? *(ta-níu me-nú del dí-a?)*

DEFINITION	Do you have a daily menu?
FORMALITY	Neutral.
IN CONTEXT	**Teniu menú del dia** o només carta?
SIMILAR TERMS	Quin és el menú d'avui?, Què teniu avui?

AT THE RESTAURANT

48. QUÈ EM RECOMANEU? *(ké em re-cu-ma-néu?)*

DEFINITION What do you recommend?

FORMALITY Formal.

IN CONTEXT No conec aquest lloc. **Què em recomaneu?**

SIMILAR TERMS Què val la pena?, Què està bo?

49. PER BEURE, AIGUA *(per béu-re, ái-gua)*

DEFINITION To drink, water

FORMALITY Neutral.

IN CONTEXT Per menjar prendré pasta, i **per beure, aigua.**

SIMILAR TERMS Vull aigua, Només aigua

50. VULL UNA CERVESA *(vúll ú-na ser-vé-sa)*

DEFINITION I want a beer.

FORMALITY Informal.

IN CONTEXT Fa calor, **vull una cervesa** ben fresca.

SIMILAR TERMS Em poses una cervesa?, Una birra, si us plau

AT THE RESTAURANT

51. ESTÀ DELICIÓS *(es-tá de-li-ciós)*

DEFINITION It's delicious.

FORMALITY Neutral.

IN CONTEXT Aquest plat... **està deliciós!**

SIMILAR TERMS És boníssim, Té molt bon gust

52. EL COMPTE, SI US PLAU *(el cóm-te, si us pláu)*

DEFINITION The bill, please.

FORMALITY Formal.

IN CONTEXT Ja hem acabat, **el compte, si us plau.**

SIMILAR TERMS Ens pot portar el compte?, Podem pagar?

53. ACCEPTEN TARGETA? *(ak-sép-ten tar-jé-ta?)*

DEFINITION Do you accept cards?

FORMALITY Neutral.

IN CONTEXT Ho podem pagar amb targeta? **Accepten targeta?**

SIMILAR TERMS Puc pagar amb targeta?, Feu pagament electrònic?

AT THE RESTAURANT

54. ÉS PICANT? *(és pi-kánt?)*

DEFINITION Is it spicy?

FORMALITY Neutral.

IN CONTEXT Aquest plat... **és picant?**

SIMILAR TERMS Pica molt?, Fa picor?

55. SENSE GLUTEN, SI US PLAU *(sén-se glú-ten, si us pláu)*

DEFINITION Gluten-free, please.

FORMALITY Formal.

IN CONTEXT Teniu opcions **sense gluten, si us plau?**

SIMILAR TERMS Opció per celíacs, Menú sense gluten.

56. SOC AL·LÈRGIC A... *(sóc a-lér-jik a...)*

DEFINITION I'm allergic to...

FORMALITY Neutral.

IN CONTEXT **Soc al·lèrgic a** la llet, podeu fer-ho sense?

SIMILAR TERMS No puc menjar..., Tinc al·lèrgia a...

AT THE RESTAURANT

57. HO VULL PER EMPORTAR
(u vúll per em-por-tár)

DEFINITION I want it to go.

FORMALITY Informal.

IN CONTEXT No tinc temps per seure, **ho vull per emportar.**

SIMILAR TERMS Pica molt?, Fa picor?

58. ESTÀ INCLÒS EL PA?
(es-tá in-clós el pá?)

DEFINITION Is bread included?

FORMALITY Neutral.

IN CONTEXT **Està inclòs el pa** amb el menú?

SIMILAR TERMS El pa va a part?, El cobert inclou pa?

59. ENS FALTA UN PLAT
(ens fál-ta un plát)

DEFINITION We're missing a dish.

FORMALITY Neutral.

IN CONTEXT Perdona, **ens falta un plat a la taula.**

SIMILAR TERMS No ens heu portat..., Falta una comanda

AT THE RESTAURANT

60. ESTEM LLESTOS *(es-tém llés-tus)*

DEFINITION We're ready.

FORMALITY Informal.

IN CONTEXT Cambrer, **estem llestos** per demanar.

SIMILAR TERMS Podem demanar?, Ja hem decidit.

61. UNA ALTRA RONDA *(ú-na ál-tra rón-da)*

DEFINITION Another round.

FORMALITY Informal.

IN CONTEXT Ens poseu **una altra ronda**, si us plau?

SIMILAR TERMS Repetim, El mateix per tots.

62. ENS POTS AJUDAR? *(ens pots a-ju-dár?)*

DEFINITION Can you help us?

FORMALITY Informal.

IN CONTEXT Disculpa, **ens pots ajudar** amb la carta?

SIMILAR TERMS Ens pots donar un cop de mà?, Ens ajudes?

AT THE RESTAURANT

63. PODEM PAGAR JUNTS? *(pu-dém pa-gár junts?)*

DEFINITION Can we pay together?

FORMALITY Informal.

IN CONTEXT **Podem pagar junts** o per separat?

SIMILAR TERMS Un únic tiquet, Ho paguem tot junts?

64. MOLTES GRÀCIES *(mól-tes grá-si-es)*

DEFINITION Thank you very much.

FORMALITY Neutral.

IN CONTEXT **Moltes gràcies** pel servei, ha estat perfecte.

SIMILAR TERMS Gràcies de debò, Gràcies.

65. ERA MOLT BO *(é-ra mólt bó)*

DEFINITION It was very good.

FORMALITY Informal.

IN CONTEXT El dinar **era molt bo**, felicitats al cuiner!

SIMILAR TERMS Estava boníssim, M'ha encantat

AT THE RESTAURANT

66. TORNARÉ AVIAT *(tor-na-ré a-vi-át)*

DEFINITION I'll be back soon.

FORMALITY Neutral.

IN CONTEXT M'ha agradat molt aquest lloc, **tornaré aviat.**

SIMILAR TERMS Tornaré, Ens veurem aviat.

SHORT STORY

Una nit d'estiu, la Carla i en Roger van decidir celebrar el seu aniversari de parella amb un sopar en un restaurant petit però encantador a prop de la platja. Havien reservat taula per a dues persones i van arribar just quan el sol començava a amagar-se darrere les ones.

Carla: Bona nit! <u>Una taula, si us plau</u>, tenim reserva al nom de Carla.

Cambrer: Per descomptat. Aquí la teniu.

Roger: Ens podríeu portar <u>el menú, si us plau?</u>

Carla: Ah, i <u>teniu menú del dia?</u> O només carta?

Cambrer: Sí, avui tenim menú del dia. Us el recomano!

Roger: Fantàstic! <u>Què em recomaneu</u>? Ens agrada tot, però volem provar alguna cosa nova.

Carla: Jo ho tinc clar. Vull la pasta. <u>Per beure, aigua.</u>

Roger: Jo <u>vull una cervesa</u>, si pot ser ben freda.

Cambrer: Ara mateix.

(Més tard, el cambrer porta els plats i marxen contents)

Carla: Mmm... <u>està deliciós</u>, aquest plat!

Roger: El meu també. No sé com l'han cuinat, però és espectacular.

(Mig dinar després...)

Roger: Disculpa, el compte, si us plau.

Cambrer: Sí, ara us el porto.

Carla: Ah, per cert... accepten targeta?

Cambrer: I tant, no hi ha cap problema.

Roger: Una cosa... aquest plat picava una mica. És picant?

Cambrer: Té un toc, sí, però si voleu us ho puc fer sense gluten, si us plau.

Carla: Gràcies, però no cal.

Roger: A propòsit, soc al·lèrgic a... ametlles. Cap dels plats en porta, oi?

Cambrer: No, no es preocupi.

Carla: Ho podem demanar per emportar? M'agradaria repetir el postre a casa.

Roger: Sí, i una cosa més: està inclòs el pa?

Cambrer: Sí, va amb el menú.

(Mentre esperen, miren els plats)

Carla: Escolta, ens falta un plat... havíem demanat dues amanides.

Cambrer: Ara us ho soluciono!

(Una estona després)

Roger: <u>Estem llestos</u> per marxar, quan vulgueu.

Carla: Jo m'ho he passat molt bé. Vols <u>una altra ronda</u> de cervesa abans de marxar?

Roger: No cal. Però <u>ens pots ajudar</u> amb una recomanació per a la propera vegada?

Cambrer: Per descomptat!

Carla: I per pagar? <u>Podem pagar junts</u>?

Roger: Sí, tot en una.

Carla: Moltes gràcies pel servei.

Roger: De veritat, <u>era molt bo</u> tot.

Carla: M'ha agradat tant... <u>tornaré aviat</u> segur.

QUESTIONS

1. Quin motiu especial celebraven la Carla i en Roger?
a) El seu aniversari de casament
b) L'aniversari d'ell
c) El seu aniversari de parella
d) La graduació d'ella

2. Què va demanar la Carla per beure?
a) Vi blanc
b) Refresc
c) Aigua
d) Cava

3. Per què la Carla volia demanar postre per emportar?
a) Per compartir-lo amb algú a casa
b) Perquè tenia pressa
c) Perquè li feia vergonya menjar-lo allà
d) Per repetir-lo a casa més tard

4. Quin problema van tenir amb la comanda?
a) El plat estava fred
b) Faltava un plat a taula
c) El menjar estava massa picant
d) No hi havia menú del dia

5. Què va dir en Roger al final del sopar?
a) Que el servei era lent
b) Que tornaria amb més amics
c) Que el menjar era molt bo
d) Que volia menjar més

RELATIONSHIPS

RELATIONSHIPS

67. T'ESTIMO *(tas-tí-mu)*

DEFINITION — I love you.

FORMALITY — Informal.

IN CONTEXT — Bona nit... **t'estimo** molt.

SIMILAR TERMS — T'estimo molt, Et porto al cor.

68. M'AGRADES MOLT *(ma-grá-des mólt)*

DEFINITION — I like you a lot.

FORMALITY — Informal.

IN CONTEXT — Volia dir-te una cosa... **m'agrades molt**.

SIMILAR TERMS — Em fas tilín, Em provoques alguna cosa.

69. SOM AMICS *(som a-míks)*

DEFINITION — We're friends.

FORMALITY — Informal.

IN CONTEXT — Podem parlar de tot, **som amics**.

SIMILAR TERMS — Tenim una bona amistat, Ets amic meu.

RELATIONSHIPS

70. TENS PARELLA? *(téns pa-ré-lla?)*

DEFINITION Do you have a partner?

FORMALITY Informal.

IN CONTEXT Escolta, **tens parella?**

SIMILAR TERMS Estàs amb algú?, Estàs sortint amb algú?

71. ESTEM SORTINT *(es-tém sor-tínt)*

DEFINITION We're dating.

FORMALITY Informal.

IN CONTEXT Fa dos mesos que **estem sortint.**

SIMILAR TERMS Tenim una relació, Ens veiem.

72. ÉS EL MEU XICOT *(és el méu xi-cót)*

DEFINITION He's my boyfriend.

FORMALITY Informal.

IN CONTEXT Et presento l'Arnau, **és el meu xicot.**

SIMILAR TERMS És la meva parella, Estem junts.

RELATIONSHIPS

73. ÉS LA MEVA PARELLA
(és la mé-va pa-ré-lla)

DEFINITION They're my partner.

FORMALITY Neutral.

IN CONTEXT Vaig venir amb algú, **és la meva parella**.

SIMILAR TERMS El meu company sentimental, Amb qui estic.

74. EM TROBES A FALTAR?
(em trò-bes a fal-tár?)

DEFINITION Do you miss me?

FORMALITY Informal.

IN CONTEXT Fa molt que no parlem... **em trobes a faltar?**

SIMILAR TERMS Penses en mi?, Et falto?

75. ET TROBO A FALTAR
(et trò-bu a fal-tár)

DEFINITION I miss you

FORMALITY Informal.

IN CONTEXT No et veig des de fa temps, **et trobo a faltar.**

SIMILAR TERMS Et penso molt, M'agradaria veure't.

RELATIONSHIPS

76. ESTIC ENAMORAT *(es-tík e-na-mu-rát)*

DEFINITION I'm in love (masculine).

FORMALITY Informal.

IN CONTEXT Des de fa temps **estic enamorat** de tu.

SIMILAR TERMS Tinc el cor ocupat, M'encantes.

77. HO PARLEM? *(u par-lém?)*

DEFINITION Shall we talk about it?

FORMALITY Informal.

IN CONTEXT No podem seguir així... **ho parlem?**

SIMILAR TERMS En parlem?, Parlem-ne.

78. ESTEM BÉ? *(es-tém bé?)*

DEFINITION Are we okay?

FORMALITY Informal.

IN CONTEXT Fa dies que et noto distant... **estem bé?**

SIMILAR TERMS Tot va bé?, Hi ha algun problema?

RELATIONSHIPS

79. PERDONA'M *(per-dó-nam)*

DEFINITION Forgive me.

FORMALITY Informal.

IN CONTEXT Vaig dir coses que no hauria d'haver dit... **perdona'm.**

SIMILAR TERMS Em sap greu, Ho sento molt.

80. TINC CONFIANÇA EN TU *(tínk cun-fi-án-sa en tú)*

DEFINITION I trust you.

FORMALITY Neutral.

IN CONTEXT T'explico això perquè **tinc confiança en tu.**

SIMILAR TERMS Confio en tu, Em dones seguretat.

81. NO M'AGRADA AIXÒ *(no ma-grá-da a-xó)*

DEFINITION I don't like this.

FORMALITY Informal.

IN CONTEXT Ho sento, però **no m'agrada això** que has fet.

SIMILAR TERMS No em fa el pes, No em convenç.

RELATIONSHIPS

82. M'AGRADA ESTAR AMB TU *(ma-grá-da es-tár am tú)*

DEFINITION I like being with you.

FORMALITY Informal.

IN CONTEXT Amb tu em sento bé... **m'agrada estar amb tu.**

SIMILAR TERMS Estic bé amb tu, Em fas sentir bé.

83. EM FAS RIURE *(em fas ríu-re)*

DEFINITION You make me laugh.

FORMALITY Informal.

IN CONTEXT Tinc un mal dia, però tu sempre **em fas riure.**

SIMILAR TERMS Em fas somriure, Ets graciós/graciosa.

84. ET CONEC BÉ *(et cu-nék bé)*

DEFINITION I know you well.

FORMALITY Informal.

IN CONTEXT No cal que ho expliquis, **et conec bé.**

SIMILAR TERMS Sé com ets, T'he observat bé.

RELATIONSHIPS

85. PARLEM CLAR *(par-lém clar)*

DEFINITION — Let's speak honestly.

FORMALITY — Informal.

IN CONTEXT — **Parlem clar**: això no està funcionant.

SIMILAR TERMS — Siguem sincers, Digues la veritat.

86. SOM UNA FAMÍLIA *(som ú-na fa-mí-lia)*

DEFINITION — We're a family.

FORMALITY — Neutral.

IN CONTEXT — Passi el que passi, **som una família**.

SIMILAR TERMS — Som del mateix costat, Sempre junts.

87. SEMPRE HI ETS *(sém-pre i yéts)*

DEFINITION — You're always there for me.

FORMALITY — Informal.

IN CONTEXT — Quan més et necessito, **sempre hi ets**.

SIMILAR TERMS — Sempre em recolzes, Mai falles.

RELATIONSHIPS

88. GRÀCIES PER TOT *(grá-si-es per tót)*

DEFINITION Thank you for everything.

FORMALITY Neutral.

IN CONTEXT T'agraeixo molt tot el que has fet. **Gràcies per tot.**

SIMILAR TERMS Gràcies de tot cor, T'ho agraeixo molt.

SHORT STORY

La Júlia i en Marc, parella des de fa gairebé un any, han tingut algunes discussions últimament. Queden una tarda per parlar amb calma mentre passegen pel parc, intentant entendre si la seva relació encara té futur.

Marc: Abans que res, <u>t'estimo</u>. No vull que això s'acabi.

Júlia: Jo també <u>t'estimo, amic</u>, però hi ha coses que no van bé.

Marc: Parlem, si et sembla... <u>ho parlem</u>?

Júlia: Està bé. Només vull saber si <u>estem bé</u>, perquè últimament et noto distant.

Marc: Ho sento, he estat molt enfeinat. Però <u>tinc confiança en tu</u>, i vull solucionar-ho.

Júlia: Doncs sigues sincer. <u>Tens parella</u>... a banda de mi?

Marc: Què? Evidentment no! <u>Estem sortint</u>, Júlia, i per mi ets la persona amb qui vull estar.

Júlia: Encara em sents especial?

Marc: I tant. <u>M'agrades molt</u>, des del primer dia.

Júlia: Bé, doncs jo t'he de dir que a vegades <u>no m'agrada això</u> que desapareguis dies sencers.

Marc: Ja... <u>perdona'm</u>. No m'adono de com afecta això.

Júlia: A més... et trobo a faltar quan no estàs.

Marc: Em trobes a faltar? Fins i tot quan estem discutint?

Júlia: Clar que sí. M'agrada estar amb tu, però necessito sentir-me valorada.

Marc: Jo et valoro molt. I sí, estic enamorat de tu, Júlia.

Júlia: Doncs parlem clar. O ens comprometem de veritat, o potser millor deixar-ho.

Marc: No vull perdre't. Et conec bé, i sé que val la pena lluitar per això.

Júlia: Tu dius que em coneixes, però quan vaig estar trista fa uns dies, no em vas dir res.

Marc: No m'importa que ploris, m'importes tu. I sóc aquí.

Júlia: D'acord... Però si us plau, més presència. Sempre hi ets, sí, però a mitges.

Marc: Entesos. I, sincerament, no vull perdre't perquè som una família, ja, per mi.

Júlia: I si et torno a veure igual, marxaré. Però si canvies...

Marc: Gràcies per tot, Júlia.

Júlia: Mira, <u>és la meva parella</u> qui ha de fer-me sentir segura. No només "algú".

Marc: <u>És el meu xicot</u> qui m'hauria dit "no m'agrada això" si estigués en el teu lloc.

Júlia: Què vols dir?

Marc: Que si jo estigués en la teva pell, m'hauria sentit igual. T'escolto, i vull canviar.

QUESTIONS

1. Què preocupa principalment a la Júlia en la seva relació amb en Marc?
a) Que ell estigui sortint amb algú altre
b) Que ell no la porti a llocs bonics
c) Que ell no li compri regals
d) Que no comparteixin aficions

2. Quina expressió fa servir en Marc per demanar diàleg sincer amb la Júlia?
a) Perdona'm
b) Parlem clar
c) Tinc confiança en tu
d) Gràcies per tot

3. Què vol dir en Marc quan diu "no m'importa que ploris"?
a) Que no li interessa la tristesa d'ella
b) Que li fa gràcia veure-la plorar
c) Que no li molesta, perquè ella li importa
d) Que vol que deixi de plorar per força

4. Com expressa la Júlia que enyora en Marc?
a) Em trobes a faltar?
b) Tens parella?
c) M'agrada estar amb tu
d) Et trobo a faltar

5. Quina frase resumeix millor el desig final d'en Marc respecte a la relació?
a) Que vol prendre un descans
b) Que prefereix estar sol
c) Que vol canviar i lluitar per ella
d) Que no està segur de què vol

SHOPPING
SUPERMARKET

SHOPPING / SUPERMARKET

89. QUANT COSTA? *(kuánt cós-ta?)*

DEFINITION How much does it cost?

FORMALITY Neutral.

IN CONTEXT Aquesta camisa m'agrada. **Quant costa?**

SIMILAR TERMS Quin preu té?, Què val?

90. ESTÀ EN OFERTA? *(es-tá en o-fér-ta?)*

DEFINITION Is it on sale?

FORMALITY Neutral.

IN CONTEXT Aquest producte **està en oferta?**

SIMILAR TERMS Té descompte?, Hi ha rebaixa?

91. M'HO PUC PROVAR? *(mu púk pro-vár?)*

DEFINITION Can I try it on?

FORMALITY Neutral.

IN CONTEXT **M'ho puc provar** abans de comprar-lo?

SIMILAR TERMS Em puc emprovar això?, Provar, si us plau.

SHOPPING / SUPERMARKET

89. QUANT COSTA? *(kuánt cós-ta?)*

DEFINITION How much does it cost?

FORMALITY Neutral.

IN CONTEXT Aquesta camisa m'agrada. **Quant costa?**

SIMILAR TERMS Quin preu té?, Què val?

90. ESTÀ EN OFERTA? *(es-tá en o-fér-ta?)*

DEFINITION Is it on sale?

FORMALITY Neutral.

IN CONTEXT Aquest producte **està en oferta?**

SIMILAR TERMS Té descompte?, Hi ha rebaixa?

91. M'HO PUC PROVAR? *(mu púk pro-vár?)*

DEFINITION Can I try it on?

FORMALITY Neutral.

IN CONTEXT **M'ho puc provar** abans de comprar-lo?

SIMILAR TERMS Em puc emprovar això?, Provar, si us plau.

SHOPPING / SUPERMARKET

92. TENIU UNA TALLA MÉS? *(ta-níu ú-na tá-lla més?)*

DEFINITION Do you have a bigger size?

FORMALITY Neutral.

IN CONTEXT Aquesta em va justa. **Teniu una talla més?**

SIMILAR TERMS Hi ha més talles?, Una mida més gran.

93. ÉS MASSA CAR *(és má-sa kár)*

DEFINITION It's too expensive.

FORMALITY Informal.

IN CONTEXT Voldria comprar-ho, però **és massa car.**

SIMILAR TERMS És caríssim, No ho puc pagar.

94. M'HO PUC PROVAR? *(mu púk pro-vár?)*

DEFINITION It's very cheap.

FORMALITY Informal.

IN CONTEXT Aquest preu està molt bé. **És molt barat.**

SIMILAR TERMS Està regalat, És una ganga.

SHOPPING / SUPERMARKET

95. HO TENIU EN NEGRE?   *(u ta-níu en né-gre?)*

DEFINITION Do you have it in black?

FORMALITY Neutral.

IN CONTEXT Aquest model m'agrada. **Ho teniu en negre?**

SIMILAR TERMS Hi ha altres colors?, En quin color ho teniu?

96. ON ÉS LA CAIXA?   *(on és la cá-i-xa?)*

DEFINITION Where is the checkout?

FORMALITY Neutral.

IN CONTEXT Perdona, **on és la caixa** per pagar?

SIMILAR TERMS On es paga?, Cap a on es fa el pagament?

97. ACCEPTEN TARGETA?   *(ak-sép-ten tar-jé-ta?)*

DEFINITION Do you accept card payments?

FORMALITY Neutral.

IN CONTEXT Puc pagar amb targeta? **Accepten targeta?**

SIMILAR TERMS Feu pagament amb targeta?, Puc usar visa?

SHOPPING / SUPERMARKET

98. NOMÉS MIRO, GRÀCIES   *(nu-més mí-ru, grá-si-es)*

DEFINITION   Just looking, thanks.

FORMALITY   Neutral.

IN CONTEXT   Bon dia, no cal ajuda, només miro, gràcies.

SIMILAR TERMS   Estic només xafardejant, No busco res en concret.

99. ME'N PORTO DOS   *(men pór-tu dós)*

DEFINITION   I'll take two.

FORMALITY   Informal.

IN CONTEXT   M'agraden molt! Me'n porto dos.

SIMILAR TERMS   En compro dos, Em quedo dos.

100. ÉS FRESC AIXÒ?   *(és frésk a-xó?)*

DEFINITION   Is this fresh?

FORMALITY   Neutral.

IN CONTEXT   Aquest peix... **és fresc això?**

SIMILAR TERMS   Acabat d'arribar?, És del dia?

SHOPPING / SUPERMARKET

101. HO TENEN DE REBAIXA?
(u té-nen de re-bá-i-xa?)

- **DEFINITION** Is this discounted?
- **FORMALITY** Informal.
- **IN CONTEXT** Aquesta jaqueta... **ho tenen de rebaixa?**
- **SIMILAR TERMS** Té descompte?, Està rebaixat?

102. HI HA DESCOMPTE?
(i á des-cóm-te?)

- **DEFINITION** Is there a discount?
- **FORMALITY** Neutral.
- **IN CONTEXT** Si en compro dos, **hi ha descompte?**
- **SIMILAR TERMS** Quina promoció hi ha?, Té algun descompte?

103. QUÈ EM RECOMANA?
(ké em re-cu-má-na?)

- **DEFINITION** What do you recommend?
- **FORMALITY** Formal.
- **IN CONTEXT** No ho tinc clar, **què em recomana?**
- **SIMILAR TERMS** Em pot aconsellar?, Té alguna suggerència?

SHOPPING / SUPERMARKET

104. EL PREU ÉS CORRECTE? *(el préu és cu-rréc-te?)*

DEFINITION Is the price correct?

FORMALITY Neutral.

IN CONTEXT Em sembla car... **el preu és correcte?**

SIMILAR TERMS Està ben marcat?, És això el que val?

105. EM COBRA, SI US PLAU *(em có-bra, si us pláu)*

DEFINITION Can you charge me, please?

FORMALITY Formal.

IN CONTEXT Ja ho tinc tot. **Em cobra, si us plau?**

SIMILAR TERMS Estic llest per pagar, Podem passar pel lector?

106. EN VOLEU BOSSA? *(en vo-léu bós-sa?)*

DEFINITION Would you like a bag?

FORMALITY Neutral.

IN CONTEXT **En voleu bossa** o ho voleu sense?

SIMILAR TERMS Vols bossa?, Necessites bossa?

SHOPPING / SUPERMARKET

107. ÉS ECOLÒGIC? *(és e-co-ló-jik?)*

- **DEFINITION** — Is it organic?
- **FORMALITY** — Neutral.
- **IN CONTEXT** — Aquest producte... **és ecològic?**
- **SIMILAR TERMS** — És bio?, És de producció natural?

108. TENIU MÉS COLORS? *(ta-níu més co-lórs?)*

- **DEFINITION** — Do you have more colors?
- **FORMALITY** — Neutral.
- **IN CONTEXT** — Aquest em va bé. **Teniu més colors?**
- **SIMILAR TERMS** — Altres tons?, Variacions de color?

109. TORNARÉ DEMÀ *(tor-na-ré de-mà)*

- **DEFINITION** — I'll come back tomorrow.
- **FORMALITY** — Neutral.
- **IN CONTEXT** — Ara no decideixo, però **tornaré demà.**
- **SIMILAR TERMS** — Vinc un altre dia, M'ho penso i torno.

SHOPPING / SUPERMARKET

110. GRÀCIES PER L'AJUDA
(grá-si-es per la-jú-da)

DEFINITION Thank you for the help.

FORMALITY Neutral.

IN CONTEXT He trobat el que buscava, **gràcies per l'ajuda.**

SIMILAR TERMS Moltes gràcies, Has estat molt amable.

SHORT STORY

La Berta i en Nil decideixen aprofitar que tenen la tarda lliure per fer unes compres al centre. Volen comprar roba, una mica de menjar fresc i mirar si troben alguna ganga.

Berta: Mira aquesta jaqueta! És preciosa! <u>Quant costa</u>?

Nil: Em sembla que <u>està en oferta</u>, ho diu el cartell.

Berta: Perfecte! <u>M'ho puc provar</u>?

Dependenta: És clar, el vestidor és al fons a la dreta.

Berta: Aquesta em va justeta... <u>teniu una talla més</u>?

Dependenta: Sí, t'ho porto ara mateix.

Nil: Aquesta dessuadora m'agrada però <u>és massa cara</u> per ser tan senzilla.

Berta: En canvi, aquesta samarreta <u>és molt barat</u>! I de bona qualitat!

Nil: T'agrada aquest model? <u>Ho teniu en negre</u>?

Dependenta: Sí, també la tenim en blau i gris.

Berta: Genial. Ara <u>on és la caixa</u>?

Nil: Allà, al costat dels accessoris.

Berta: <u>Accepten targeta</u>?

Dependenta: I tant! També bizum i efectiu.

(Després, van al supermercat del costat)

Nil: Només mirem, gràcies. Només miro, gràcies.

Berta: Aquestes galetes tenen molt bona pinta. Me'n porto dos per casa.

Nil: I aquest peix? És fresc això?

Peixater: D'avui mateix! Acabat d'arribar.

Berta: Aquesta mel... ho tenen de rebaixa?

Peixater: Sí, un 10% de descompte.

Nil: I si en comprem dues? Hi ha descompte?

Berta: No sé què agafar... què em recomana?

Peixater: Aquest formatge és local i molt bo.

Nil: Aquesta etiqueta sembla cara... el preu és correcte?

Caixera: Sí, està marcat amb el descompte aplicat.

Berta: Ja ho tenim tot. Em cobra, si us plau?

Caixera: Amb bossa? En voleu bossa?

Nil: Sí, una gran. Ah, i aquest tomàquet és ecològic?

Caixera: Sí, certificat.

Berta: Aquesta samarreta m'ha agradat molt... <u>teniu més colors</u>?

Dependenta: Sí, però només talles petites.

Nil: Bé, <u>tornaré demà</u> a veure si n'hi ha més.

Berta: Gràcies per tot. <u>Gràcies per l'ajuda</u>, molt amable!

QUESTIONS

1. Què fa la Berta abans de comprar la jaqueta?
a) Pregunta si és impermeable
b) Demana si pot provar-se-la
c) Mira si n'hi ha per a nens
d) Diu que és massa cara

2. Què diu en Nil sobre la dessuadora?
a) Que li encanta
b) Que li queda petita
c) Que és massa cara per la qualitat
d) Que n'agafarà dues

3. Per què la Berta demana si ho tenen de rebaixa?
a) Perquè està trencada
b) Perquè vol regalar-la
c) Perquè vol saber si té descompte
d) Perquè en vol quatre

4. Què decideix comprar en Nil a la peixateria?
a) Formatge
b) Peix fresc
c) Galetes
d) Mel ecològica

5. Què diu la Berta abans de marxar de la botiga?
a) Tornaré demà
b) M'ho puc provar?
c) És massa car
d) No m'ho crec!

WITH FAMILY

WITH FAMILY

111. BON DIA, FAMÍLIA *(bón dí-a, fa-mí-lia)*

DEFINITION Good morning, family.

FORMALITY Informal.

IN CONTEXT **Bon dia, família**! Avui fem una excursió!

SIMILAR TERMS Bon matí a tots, Ei família!

112. JA HAS MENJAT? *(ja as men-ját?)*

DEFINITION Have you eaten yet?

FORMALITY Informal.

IN CONTEXT **Ja has menjat** o encara no?

SIMILAR TERMS Vols dinar?, Tens gana?

113. PARA TAULA, SI US PLAU *(pá-ra táu-la, si us pláu)*

DEFINITION Set the table, please.

FORMALITY Informal.

IN CONTEXT Va, **para taula, si us plau**, que ja gairebé està fet!

SIMILAR TERMS Posa els plats, Ajuda amb el dinar.

WITH FAMILY

114. FES EL LLIT, VA *(fés el llít, vá)*

DEFINITION Make the bed, come on

FORMALITY Informal.

IN CONTEXT No surtis encara... **fes el llit, va**!

SIMILAR TERMS Endreça l'habitació, Recull el llit.

115. AJUDA'M UN MOMENT *(a-jú-dam un mo-mént)*

DEFINITION Help me for a moment

FORMALITY Informal.

IN CONTEXT Pots venir? **Ajuda'm un moment** amb les bosses.

SIMILAR TERMS Dona'm un cop de mà, M'ajudes?

116. NO CRIDIS, SISPLAU *(no crí-dis, sis-pláu)*

DEFINITION Don't shout, please.

FORMALITY Informal.

IN CONTEXT **No cal cridar, sisplau**, tots t'escoltem.

SIMILAR TERMS Baixa la veu, Parla més fluix.

WITH FAMILY

117. T'ESTIMO MOLT *(tas-tí-mu mólt)*

DEFINITION I love you very much.

FORMALITY Informal.

IN CONTEXT Ets molt important per mi. **T'estimo molt**.

SIMILAR TERMS Et tinc molt d'afecte, M'encantes.

118. ON SÓN ELS ALTRES? *(on són els ál-tres?)*

DEFINITION Where are the others?

FORMALITY Informal.

IN CONTEXT Hem de sortir ja. **On són els altres?**

SIMILAR TERMS On s'han ficat?, Falta gent?

119. QUÈ FEM AVUI? *(ké fem a-vúi?)*

DEFINITION What are we doing today?

FORMALITY Informal.

IN CONTEXT Bon dia! **Què fem avui?** Anem a la muntanya?

SIMILAR TERMS Quin és el pla?, Alguna idea per avui?

WITH FAMILY

120. VINE AQUÍ UN MOMENT *(ví-ne a-kí un mo-mént)*

DEFINITION Come here for a moment.

FORMALITY Informal.

IN CONTEXT **Vine aquí un moment**, que t'he de dir una cosa.

SIMILAR TERMS Apropa't, Acosta't.

121. DEIXA-HO ESTAR *(déixa-u es-tár)*

DEFINITION Leave it be / Let it go.

FORMALITY Informal.

IN CONTEXT Ja està, **deixa-ho estar**, no val la pena discutir.

SIMILAR TERMS Oblida-ho, No cal insistir.

122. TOCA DUTXA! *(tó-ca dú-txa)*

DEFINITION Time for a shower!

FORMALITY Informal.

IN CONTEXT Has estat jugant tot el dia... **toca dutxa**!

SIMILAR TERMS Hora de dutxar-se, Cap a la banyera!

WITH FAMILY

123. JA ESTÀ LLEST EL SOPAR *(ja es-tá llést el so-pár)*

DEFINITION — Dinner is ready.

FORMALITY — Informal.

IN CONTEXT — Deixa la consola, **ja està llest el sopar.**

SIMILAR TERMS — A taula!, El sopar està fet.

124. APAGA LA TELE *(a-pá-ga la té-le)*

DEFINITION — Turn off the TV.

FORMALITY — Informal.

IN CONTEXT — Va, ja és hora d'anar a dormir. **Apaga la tele.**

SIMILAR TERMS — Tanca la televisió, Ja n'hi ha prou.

125. ESCOLTA'M UN MOMENT *(es-ców-tam un mo-mént)*

DEFINITION — Turn off the TV.

FORMALITY — Informal.

IN CONTEXT — Has estat jugant tot el dia... **toca dutxa**!

SIMILAR TERMS — Hora de dutxar-se, Cap a la banyera!

WITH FAMILY

126. NO PASSA RES *(no pá-sa rés)*

DEFINITION It's okay / Nothing's wrong.

FORMALITY Neutral.

IN CONTEXT T'has equivocat? **No passa res.**

SIMILAR TERMS Cap problema, No t'amoïnis.

127. FEM-HO JUNTS *(a-pá-ga la té-le)*

DEFINITION Let's do it together.

FORMALITY Informal.

IN CONTEXT Això és complicat, però **fem-ho junts.**

SIMILAR TERMS Ho farem plegats, T'ajudo?

128. PARLEM-HO TRANQUILS *(par-lém-u tran-kíls)*

DEFINITION Let's talk calmly.

FORMALITY Informal.

IN CONTEXT No cal discutir. **Parlem-ho tranquils.**

SIMILAR TERMS Amb calma, Dialoguem.

WITH FAMILY

129. HO FAREM DEMÀ *(u fa-rém de-mà)*

DEFINITION	We'll do it tomorrow.
FORMALITY	Neutral.
IN CONTEXT	Avui ja és tard, **ho farem demà.**
SIMILAR TERMS	Demà amb més temps, Ja ho farem.

130. TRUQUEM ALS AVIS? *(tru-kém als á-vis?)*

DEFINITION	Should we call the grandparents?
FORMALITY	Informal.
IN CONTEXT	Fa dies que no parlem amb ells. **Truquem als avis?**
SIMILAR TERMS	Parlem amb els avis?, Els saludem?

131. JA HO FAIG JO *(ja u fáytx yó)*

DEFINITION	I'll do it (myself).
FORMALITY	Informal.
IN CONTEXT	No t'hi posis, **ja ho faig jo.**
SIMILAR TERMS	Ja m'encarrego, Ja ho resolc.

WITH FAMILY

132. ETS EL MILLOR! *(éts el mi-lló!)*

DEFINITION You're the best!

FORMALITY Informal.

IN CONTEXT Gràcies per ajudar-me! **Ets el millor!**

SIMILAR TERMS Ets genial!, No sé què faria sense tu.

SHORT STORY

És diumenge al matí i la família Roca es prepara per passar el dia plegats. La mare, en Jordi (pare), l'Emma (filla gran) i en Pol (germà petit) es reparteixen tasques mentre planegen una excursió a la tarda.

Mare: <u>Bon dia, família</u>! Va, desperteu-vos que avui fa sol!

Emma: Mmmm... sí... ja vinc.

Mare: <u>Ja has menjat</u>? Si no, t'he deixat torrades a la cuina.

Pare: <u>Para taula, si us plau</u>, que ja casi tenim els ous fets.

Mare: I tu, Pol, abans de res: <u>fes el llit, va</u>, que no costa tant!

Pol: Buf... sempre em toca!

Emma: <u>Ajuda'm un moment</u>, Pol. Mentre tu pares taula, jo poso els coberts.

Mare: I sobretot, <u>no cridis, sisplau</u>, que els avis encara dormen!

Pol: D'acord, d'acord... Ei mare, <u>t'estimo molt</u>.

Mare: Jo també, petit. Ara, algú sap <u>on són els altres</u>?

Pare: L'avi és al jardí i l'àvia fa ganxet al porxo.

Mare: Perfecte. Després d'esmorzar, <u>què fem avui</u>?

Emma: Jo votaria per anar a la muntanya!

Mare: <u>Vine aquí un moment</u>, que t'he de dir una cosa.

Emma: Què passa?

Mare: Res, només que he trobat les teves claus!

Pol: Uf, pensava que les havies perdut.

Pare: Deixem això de les claus... i <u>deixa-ho estar</u>, ja està solucionat.

Mare: Bé Pol, després d'esmorzar... <u>toca dutxa</u>! Que has suat molt jugant.

Pol: Està bé, però després!

Pare: <u>Ja està llest el sopar</u> de demà. Avui a la tarda només haurem de preparar l'amanida.

Emma: Llavors, <u>apaga la tele</u>, que hem de començar a preparar les motxilles.

Pol: Ja la tanco!

Mare: <u>Escolta'm un moment</u>, Emma. Toca trucar als avis abans de marxar.

Emma: Sí, ja els truco ara mateix.

Pare: Si us heu oblidat alguna cosa, <u>no passa res</u>, hi ha temps.

Mare: Bé, som-hi! <u>Fem-ho junts</u> i serem a punt ben aviat.

Pare: Però si algú vol parlar abans de sortir, parlem-ho tranquils.

Pol: Sí, però si no marxem aviat, ho farem demà...

Mare: Va, que tenim ganes de sortir! Truquem als avis?

Emma: Ja està fet!

Pol: Si no vols, ja ho faig jo.

Mare: Gràcies, Pol. Ets el millor!

QUESTIONS

1. Què fan els membres de la família Roca al matí?
a) Van al cinema junts
b) Preparen l'esmorzar i s'organitzen
c) Dormen tot el matí
d) Fan una videotrucada

2. Per què la mare demana a en Pol que es dutxi?
a) Perquè s'ha tacat l'uniforme
b) Perquè ha arribat de l'escola
c) Perquè ha suat jugant
d) Perquè és molt tard

3. Què suggereix l'Emma fer durant el dia?
a) Anar a comprar roba
b) Visitar un museu
c) Fer una excursió a la muntanya
d) Quedar-se a casa

4. Quina expressió utilitza la mare per calmar un petit malentès?
a) Parlem-ho tranquils
b) No passa res
c) Escolta'm un moment
d) Ho farem demà

5. Quina mostra d'afecte rep la mare d'en Pol?
a) Un regal
b) Un dibuix
c) Un petó
d) Li diu t'estimo molt

WITH FRIENDS

WITH FRIENDS

133. QUEDEM MÉS TARD? *(ke-dém més tárd?)*

DEFINITION	Shall we meet up later?
FORMALITY	Informal.
IN CONTEXT	Ara no puc, però **quedem més tard?**
SIMILAR TERMS	Ens veiem després?, Parlem després.

134. VAS MOLT GUAPO/A *(bas mólt guá-pu/a)*

DEFINITION	You look really handsome/pretty.
FORMALITY	Informal.
IN CONTEXT	Wow! Avui **vas molt guapo/a!**
SIMILAR TERMS	Estàs radiant, Quina pinta més bona.

135. FEM UN CAFÈ? *(fém un ca-fé?)*

DEFINITION	Shall we grab a coffee?
FORMALITY	Informal.
IN CONTEXT	Tenim una estona? **Fem un cafè?**
SIMILAR TERMS	Anem a prendre alguna cosa?, Una pausa?

WITH FRIENDS

136. TINC GANES DE VEURE'T
(tíng gá-nes de béu-ret)

DEFINITION — I feel like seeing you.

FORMALITY — Informal.

IN CONTEXT — Fa molt que no ens veiem. **Tinc ganes de veure't.**

SIMILAR TERMS — Et trobo a faltar, Et vull veure.

137. COM VA TOT?
(kom va tót?)

DEFINITION — How's everything going?

FORMALITY — Informal.

IN CONTEXT — Ei! **Com va tot?** Fa dies que no parlem.

SIMILAR TERMS — Què tal?, Com estàs?

138. ET TROBO A FALTAR
(et trò-bu a fal-tár)

DEFINITION — I miss you.

FORMALITY — Informal.

IN CONTEXT — Ara que no estàs aquí, **et trobo a faltar.**

SIMILAR TERMS — T'enyoro, Tinc ganes de veure't.

WITH FRIENDS

139. HO PASSEM GENIAL
(u pa-sém je-niál)

DEFINITION We're having a great time.

FORMALITY Informal.

IN CONTEXT Amb vosaltres sempre **ho passem genial!**

SIMILAR TERMS Ens ho estem passant pipa, Ens divertim molt.

140. TENS PLANS AVUI?
(téns pláns a-vúi?)

DEFINITION Do you have plans today?

FORMALITY Informal.

IN CONTEXT Bon dia! **Tens plans avui** o quedem?

SIMILAR TERMS Què faràs?, Estàs lliure avui?

141. EM VENS A BUSCAR?
(em báns a bus-cár?)

DEFINITION Will you come pick me up?

FORMALITY Informal.

IN CONTEXT No tinc cotxe... **em vens a buscar?**

SIMILAR TERMS Em pots venir a buscar?, Em reculls?

WITH FRIENDS

142. AVISA QUAN ARRIBIS (a-ví-sa kuan a-rí-bis)

DEFINITION — Let me know when you arrive.

FORMALITY — Informal.

IN CONTEXT — Vens a casa? **Avisa quan arribis**, val?

SIMILAR TERMS — Escriu-me en arribar, Digue'm quan hi siguis.

143. QUIN RIURE! (kín ríu-re)

DEFINITION — What a laugh!

FORMALITY — Informal.

IN CONTEXT — Aquest vídeo és brutal... **quin riure!**

SIMILAR TERMS — Fa molta gràcia!, Com he rigut!

144. T'HO HAVIA DIT! (tu a-ví-a dít!)

DEFINITION — Will you come pick me up?

FORMALITY — Informal.

IN CONTEXT — No tinc cotxe... **em vens a buscar?**

SIMILAR TERMS — Em pots venir a buscar?, Em reculls?

WITH FRIENDS

145. VAS A TOPE, EH? *(bas a tó-pe, é?)*

DEFINITION You're on fire, huh?

FORMALITY Informal.

IN CONTEXT No pares últimament... **vas a tope, eh?**

SIMILAR TERMS Estàs molt actiu, No pares quiet.

146. T'ESTIMO, AMIC/GA *(tas-tí-mu a-mík/ga)*

DEFINITION I love you, friend.

FORMALITY Informal.

IN CONTEXT Gràcies per ser-hi sempre. **T'estimo, amiga.**

SIMILAR TERMS Ets com un germà/una germana, T'aprecio molt.

147. COM SEMPRE! *(kom sém-pre!)*

DEFINITION As always!

FORMALITY Informal.

IN CONTEXT Ha tornat a fer broma... **com sempre!**

SIMILAR TERMS Com és costum, Això no canvia!

WITH FRIENDS

148. ON QUEDEM? *(on ke-dém?)*

DEFINITION Where shall we meet?

FORMALITY Informal.

IN CONTEXT Tinc ganes de sortir. **On quedem?**

SIMILAR TERMS A quin lloc ens veiem?, Quedem a algun lloc?

149. TINC UNA IDEA! *(tíng ú-na i-dé-a!)*

DEFINITION I have an idea!

FORMALITY Informal.

IN CONTEXT Escolta, **tinc una idea** per al cap de setmana!

SIMILAR TERMS Se m'ha acudit una cosa, I si fem això...?

150. EM VÉNS DE GUST *(em báns de gúst)*

DEFINITION I feel like seeing you.

FORMALITY Informal.

IN CONTEXT Fa molt que no et veig... em véns de gust.

SIMILAR TERMS Tinc ganes de veure't, Et trobo a faltar.

WITH FRIENDS

151. QUIN BON ROTLLO!
(kín bón ró-tllu)

DEFINITION Such good vibes!

FORMALITY Informal.

IN CONTEXT **Quin bon rotllo** amb aquest grup, m'encanta!

SIMILAR TERMS Quina energia!, Mola molt això.

152. JA M'HO EXPLICARÀS
(ja mu es-pli-ka-rás)

DEFINITION You'll tell me later.

FORMALITY Informal.

IN CONTEXT Has quedat amb algú? **Ja m'ho explicaràs!**

SIMILAR TERMS Després m'ho expliques, M'ho expliques demà.

153. NO M'HO CREC!
(no mu krék!)

DEFINITION I can't believe it!

FORMALITY Informal.

IN CONTEXT Has guanyat la loteria? **No m'ho crec!**

SIMILAR TERMS És increïble!, No pot ser!

WITH FRIENDS

154. A LA PROPERA HI VAIG *(a la pru-pé-ra i váytx)*

DEFINITION — I'll go next time.

FORMALITY — Informal.

IN CONTEXT — Heu anat sense mi? **A la propera hi vaig!**

SIMILAR TERMS — La següent no me la perdo, M'hi apunto!

155. EM FAS MOLTA FALTA *(em fas mól-ta fál-ta)*

DEFINITION — I miss you a lot.

FORMALITY — Informal.

IN CONTEXT — Des que vas marxar, **em fas molta falta.**

SIMILAR TERMS — Et trobo a faltar molt, Et necessito.

156. SEMPRE ETS AQUÍ *(sém-pre éts a-kí)*

DEFINITION — You're always here.

FORMALITY — Informal.

IN CONTEXT — Quan t'he necessitat, sempre ets aquí.

SIMILAR TERMS — No falles mai, Gràcies per ser-hi.

WITH FRIENDS

157. QUINA NIT, EH? *(kí-na nít, é?)*

DEFINITION What a night, huh?

FORMALITY Informal.

IN CONTEXT Encara em fa mal el cap... **quina nit, eh?**

SIMILAR TERMS Nit èpica!, Quin festival!

158. TORNEM-HI AVIAT *(tur-ném-i a-vi-át)*

DEFINITION Let's do it again soon.

FORMALITY Informal.

IN CONTEXT M'ho he passat genial. **Tornem-hi aviat!**

SIMILAR TERMS Repetim aviat, Quan ho tornem a fer?

SHORT STORY

Després de mesos sense veure's, l'Èric, la Clàudia i en Pau —amics de tota la vida— finalment es retroben un dissabte a la tarda al seu lloc habitual del barri per passar temps junts, posar-se al dia i recordar vells temps.

Èric: Ei! Quina il·lusió veure-us! <u>Quedem més tard</u>? Em pensava que sortiríeu més tard de treballar.

Clàudia: Ja hem sortit abans. Per cert, <u>vas molt guapo</u> avui!

Èric: Haha, gràcies! Va, <u>fem un cafè</u>? Conec un lloc nou que us encantarà.

Pau: Bona idea! <u>Tinc ganes de veure't</u>, Èric, des de fa setmanes.

Clàudia: Jo també! Com va la vida? <u>Com va tot</u>?

Èric: Amb alts i baixos... però bé. Per cert, Clàudia, <u>et trobo a faltar</u> als dinars familiars!

Clàudia: Aww... jo també a vosaltres. <u>Ho passem genial</u> sempre.

Pau: Ei, <u>tens plans avui</u>? Potser podem fer una mica de festa més tard!

Èric: No, estic lliure. <u>Em vens a buscar</u> més tard a casa teva, Pau?

Pau: Sí, cap problema. <u>I avisa quan arribis</u>, eh? Que segur que estic fent-me l'entrepà.

Clàudia: I si quedem a la terrassa de sempre? Quin riure! L'última vegada allà...

Èric: Ja t'ho vaig dir: t'ho havia dit! Que allò acabaria en desastre!

Pau: Sí, sí... i tu allà ballant com un boig. Vas a tope, eh?

Clàudia: Sou únics... de debò, t'estimo, amics!

Èric: Igualment, Clàudia. Com sempre, rient i passant-ho bé.

Pau: Bé, on quedem? A la terrassa o al parc?

Clàudia: Se m'ha acudit una cosa... tinc una idea! I si anem al mirador?

Èric: M'encanta! Fa temps que no hi vaig.

Pau: Em véns de gust, Èric. Sempre ets bona companyia.

Clàudia: I amb aquest bon ambient... quin bon rotllo!

Èric: Després ja m'ho explicaràs, Pau... això del teu nou projecte misteriós.

Pau: Haha, és llarg d'explicar. Però bé, ja veureu.

Clàudia: No pot ser! De debò? No m'ho crec!

Pau: Doncs sí! I l'Èric no sabia res.

Èric: Eh, a la propera hi vaig també. No em deixeu fora!

Clàudia: T'ho prometo, Èric. Em fas molta falta quan no vens.

Pau: I sempre ets aquí quan t'hem necessitat. Ets un amic de veritat.

Èric: Gràcies... De veritat. Ja ho sabeu: quina nit, eh? I això que només comencem!

Clàudia: Doncs tornem-hi aviat, sí? Què us sembla el cap de setmana que ve?

QUESTIONS

1. Què proposa l'Èric quan es retroba amb els seus amics?
 a) Fer esport
 b) Fer un cafè junts
 c) Anar al cinema
 d) Anar a comprar roba

2. Què recorden amb riures relacionat amb una trobada anterior?
 a) Un accident amb una bicicleta
 b) Una baralla amb desconeguts
 c) Una festa a la terrassa
 d) Una sortida a la muntanya

3. Per què l'Èric diu "a la propera hi vaig"?
 a) Perquè vol anar al mirador
 b) Perquè no el van convidar a una trobada anterior
 c) Perquè s'ha perdut la festa d'avui
 d) Perquè ha arribat tard

4. Quina expressió utilitza en Pau per mostrar que l'Èric sempre està present quan el necessiten?
 a) Sempre ets aquí
 b) Et trobo a faltar
 c) Com sempre
 d) T'estimo, amic

5. Què decideixen fer al final de la trobada?
 a) Anar a sopar
 b) No veure's més
 c) Tornar-se a veure aviat
 d) Fer un viatge junts

AT WORK

AT WORK

159. BON DIA A TOTHOM *(bón dí-a a tu-tóm)*

DEFINITION Good morning, everyone.

FORMALITY Neutral.

IN CONTEXT **Bon dia a tothom!** Comencem la reunió.

SIMILAR TERMS Bon dia equip, Salutacions a tots.

160. COM VA TOT? *(kom va tót?)*

DEFINITION How's everything going?

FORMALITY Informal.

IN CONTEXT Bon dia, Marta! **Com va tot per aquí?**

SIMILAR TERMS Com estàs?, Tot bé?

161. FEM UNA REUNIÓ? *(fém ú-na re-u-nió?)*

DEFINITION Shall we have a meeting?

FORMALITY Neutral.

IN CONTEXT Aquest tema cal parlar-lo. **Fem una reunió?**

SIMILAR TERMS Reunim-nos, Quedem per parlar-ho.

AT WORK

162. TENS UN MOMENT? *(téns un mo-mént?)*

DEFINITION Do you have a moment?

FORMALITY Neutral.

IN CONTEXT **Tens un moment** per revisar aquest document?

SIMILAR TERMS Et puc molestar?, Et va bé ara?

163. ET PUC AJUDAR? *(et púk a-ju-dár?)*

DEFINITION Can I help you?

FORMALITY Neutral.

IN CONTEXT Et veig molt enfeinat. **Et puc ajudar?**

SIMILAR TERMS Necessites suport?, En què t'ajudo?

164. FALTA MOLT? *(fál-ta mólt?)*

DEFINITION Is it going to take long?

FORMALITY Informal.

IN CONTEXT Tardarem gaire? **Falta molt per acabar?**

SIMILAR TERMS Ja gairebé?, Quant queda?

AT WORK

165. HO TENS FET?   *(u téns fét?)*

DEFINITION   Do you have it done?

FORMALITY   Informal.

IN CONTEXT   **Ho tens fet**, allò del client?

SIMILAR TERMS   Ja està fet?, Ho tens enllestit?

166. HO ENVIO ARA MATEIX   *(u en-víu á-ra ma-tésh)*

DEFINITION   I'm sending it right now.

FORMALITY   Neutral.

IN CONTEXT   No pateixis, **ho envio ara mateix.**

SIMILAR TERMS   Ja ho envio, Està sortint.

167. JA ESTÀ LLEST   *(ja es-tá llést)*

DEFINITION   It's ready.

FORMALITY   Neutral.

IN CONTEXT   El document **ja està llest** per enviar.

SIMILAR TERMS   Està preparat, Tot a punt.

AT WORK

168. ESTIC EN UNA TRUCADA   *(es-tík en ú-na tru-ká-da)*

- **DEFINITION**: I'm on a call.
- **FORMALITY**: Neutral.
- **IN CONTEXT**: Parlem després, **estic en una trucada ara.**
- **SIMILAR TERMS**: Estic parlant per telèfon, Ara no puc.

169. ARA TORNO   *(á-ra tór-nu)*

- **DEFINITION**: I'll be right back.
- **FORMALITY**: Informal.
- **IN CONTEXT**: Vaig un moment al lavabo. Ara torno.
- **SIMILAR TERMS**: Un segon, Torno de seguida.

170. ESTIC REUNIT   *(es-tík re-u-nít)*

- **DEFINITION**: I'm in a meeting.
- **FORMALITY**: Neutral.
- **IN CONTEXT**: No puc respondre, **estic reunit.**
- **SIMILAR TERMS**: Estic en reunió, Ara estic ocupat.

AT WORK

171. ÉS URGENT AIXÒ? *(és ur-jént a-xó?)*

DEFINITION Is this urgent?

FORMALITY Neutral.

IN CONTEXT Tens temps o **és urgent això** que em portes?

SIMILAR TERMS Ho he de fer ara?, Pot esperar?

172. PODEM PARLAR UN MOMENT? *(pu-dém par-lár un mo-mént?)*

DEFINITION Can we talk for a moment?

FORMALITY Neutral.

IN CONTEXT Quan puguis, **podem parlar un moment?**

SIMILAR TERMS Tinc una cosa a comentar, Et puc veure un moment?

173. ENS VEIEM DEMÀ *(ens ve-yém de-mà)*

DEFINITION See you tomorrow.

FORMALITY Neutral.

IN CONTEXT Tanco l'ordinador. **Ens veiem demà!**

SIMILAR TERMS Fins demà, Demà més.

AT WORK

174. ESTÀ TOT CLAR *(es-tá tot clá?)*

DEFINITION Everything is clear.

FORMALITY Neutral.

IN CONTEXT Perfecte, amb això **està tot clar.**

SIMILAR TERMS Cap dubte, Tot entès.

175. HO REVISEM PLEGATS? *(u re-vi-sém ple-gáts?)*

DEFINITION Shall we review it together?

FORMALITY Neutral.

IN CONTEXT Si vols, **ho revisem plegats** abans d'enviar-ho.

SIMILAR TERMS Ho mirem junts?, Fem una revisió.

176. BONA FEINA! *(bó-na fáy-na)*

DEFINITION Good job!

FORMALITY Neutral.

IN CONTEXT Has fet un informe excel·lent. **Bona feina!**

SIMILAR TERMS Molt ben fet!, Felicitats.

AT WORK

177. HO TENS CONTROLAT? *(u téns con-tro-lát?)*

- **DEFINITION** Do you have it under control?
- **FORMALITY** Informal.
- **IN CONTEXT** Amb tot el que tens... **ho tens controlat?**
- **SIMILAR TERMS** Tot sota control?, Te'n surts?

178. EN PARLEM DESPRÉS *(en par-lém des-prés)*

- **DEFINITION** Let's talk about it later.
- **FORMALITY** Neutral.
- **IN CONTEXT** Ara no puc, però **en parlem després.**
- **SIMILAR TERMS** Ho deixem per més tard, Ho comentem més tard.

179. CAP PROBLEMA *(káp pro-blé-ma)*

- **DEFINITION** No problem.
- **FORMALITY** Informal.
- **IN CONTEXT** Si no pots venir a la reunió, **cap problema.**
- **SIMILAR TERMS** No passa res, Tot bé.

AT WORK

180. TANCO L'ORDINADOR *(tán-ku lor-di-na-dór)*

DEFINITION I'm shutting down the computer.

FORMALITY Neutral.

IN CONTEXT Ja he acabat tot, **tanco l'ordinador.**

SIMILAR TERMS Ja marxo, Plego per avui.

SHORT STORY

L'equip de màrqueting d'una editorial es prepara per una reunió amb un autor famós. És dilluns al matí i tothom treballa per tenir-ho tot llest.

Neus: <u>Bon dia a tothom</u>! Espero que hàgiu descansat, avui tenim una jornada intensa.

Jordi: Hola, Neus. <u>Com va tot</u>? Estic acabant el resum del projecte.

Neus: Perfecte. <u>Fem una reunió</u> ràpida abans de connectar-nos amb l'autor.

Núria: Un moment, Neus... <u>tens un moment</u>? T'he d'ensenyar una cosa.

Neus: I tant. <u>Et puc ajudar</u>?

Núria: Només vull que comprovis les dades del pressupost.

Jordi: <u>Falta molt</u>? Ho tenim tot gairebé a punt?

Núria: Per part meva, sí. <u>Ho tens fet</u>, Jordi?

Jordi: Sí, <u>ho envio ara mateix</u> al drive compartit.

Neus: Genial! Així podem començar. <u>Ja està llest</u> el document final?

Jordi: Sí, i l'he convertit en PDF per evitar problemes.

Núria: Si algú truca, digueu-los que <u>estic en una trucada</u> amb el corrector.

Neus: D'acord. Jo vaig un moment a buscar el portàtil... <u>ara torno</u>.

Jordi: Si et truquen, digues també que <u>estic reunit</u>, no vull interrupcions.

Neus: No pateixis. Escolta, <u>és urgent això</u> que m'has enviat abans?

Núria: No gaire, <u>podem parlar un moment</u> després de la reunió?

Jordi: Sí, <u>ens veiem demà</u> al mateix lloc per fer seguiment, oi?

Neus: Correcte. Amb el que tenim ara, <u>està tot clar</u>.

Núria: Abans d'enviar-ho al client, <u>ho revisem plegats</u>?

Jordi: I tant. He vist que has fet una feina brutal. <u>Bona feina</u>!

Neus: Totalment d'acord. <u>Ho tens controlat</u>?, Núria?

Núria: Sí, tranquil·la. I si queda algun detall, <u>en parlem després</u>.

Jordi: Cap d'aquests errors és greu, <u>cap problema</u>.

Neus: Genial! Si ningú té res més, tanco l'ordinador i començo a preparar la sala.

QUESTIONS

1. Qui dirigeix l'equip durant la reunió?
 a) Jordi
 b) Núria
 c) Neus
 d) L'autor

2. Què demana la Núria a la Neus al principi de la conversa?
 a) Si pot revisar unes dades
 b) Si pot anar a dinar abans
 c) Si pot fer una videotrucada
 d) Si pot imprimir els documents

3. Què diu el Jordi quan acaba el resum del projecte?
 a) Que no ha tingut temps
 b) Que ho revisin plegats
 c) Que ja ho ha enviat
 d) Que no ho té fet

4. Per què la Neus diu "tanco l'ordinador"?
 a) Perquè pleguen ja
 b) Perquè vol anar a casa
 c) Perquè s'ha trencat l'equip
 d) Perquè ja està tot enllestit

5. Quina actitud mostra l'equip durant tota la reunió?
 a) Negativa i desorganitzada
 b) Espontània i relaxada
 c) Eficient i col·laborativa
 d) Confusa i lenta

ANSWERS SHEET

Everyday life

1. b
2. c
3. d
4. c
5. b

Emotions and attitudes

1. b
2. d
3. a
4. b
5. c

At the restaurant

1. c
2. c
3. d
4. b
5. c

Relationships

1. a
2. b
3. c
4. d
5. c

Shopping / Supermarket

1. b
2. c
3. c
4. b
5. a

With family

1. b
2. c
3. c
4. b
5. d

With friends

1. b
2. c
3. b
4. a
5. c

At work

1. c
2. a
3. c
4. d
5. d

FINAL WORDS

Congratulations on taking this first step into the captivating world of Catalan! Each phrase you've explored in these pages is more than just words—it's a bridge to a culture rich with art, laughter, resilience, and pride. Whether you've practiced them at a bustling café, a quiet village market, or during a spirited festival, you've carried a piece of Catalan identity into your own story.

Language is about more than communication; it's about connection. And Catalan, with its melodic sounds and heartfelt expressions, invites you to see the world through different eyes—eyes that notice the small joys of everyday life and the strength of community spirit.

As you continue your journey, don't be afraid to mix a few Catalan phrases into your daily conversations, to smile when you hear Bon dia, and to respond confidently. Mistakes will happen—that's part of the adventure! What matters most is the willingness to connect, to learn, and to grow.

May the phrases and cultural insights you've gathered here be the beginning of a lifelong love for languages and new experiences. Remember: every Gràcies you say, every Adéu you offer, brings you closer to the heart of Catalonia.

Fins aviat—see you soon on your next linguistic adventure!

Digital Polyglot Team

Printed in Dunstable, United Kingdom